मेरी ज़मीन मैं बचाऊँगी

कहानी **रिनचिन** चित्र **सागर कोलवणकर**

अनुवाद **शशि सबलोक**

स्कूल से आते ही मति अपने घर के पीछे की ओर भागी। वहाँ उनके दो खेत थे। उसके पिता और दादी, बा और अज्जी, ज़मीन से आलू खोदकर निकाल रहे थे।

मति भी उनका हाथ बँटाने लगी। वे आलुओं को एक छोटे टोकरे में रखते जा रहे थे। वह भर जाता तो खेत की मेड़ पर रखे दो बड़े टोकरों में उन्हें पलट आते।

“मैं लेकर जाऊँगी!” मति बोली।

“अरे, भारी होगा। तेरे से नहीं उठेगा,” बा ने टोका। पर मति कहाँ सुनने वाली थी।

“रुक तो, मैं उठा लेती हूँ,” अज्जी बोलीं। पर मति कहाँ सुनने वाली थी।

टोकरा बहुत भारी था। लड़खड़ाते कदमों से मति ने उसे उठाया और चलने लगी। आगे का कुछ नहीं दिख रहा था। कुछ ही कदम चलकर वह धड़ाम से गिर गई। आलू चारों ओर बिखर गए। उसकी रुलाई छूटने ही वाली थी कि बा ने आकर आलुओं को बटोरना शुरू कर दिया।

"आधा-आधा टोकरा ले जाएगी तो गिरेगी नहीं," वे बोले।

अब मति ने वैसा ही किया। धीरे-धीरे किनारे रखे दोनों टोकरे भर गईं। शाम को बा उन्हें एक बड़े बाँस के दोनों सिरों पर टाँग देंगे और उसे कंधे पर रखकर घर ले जाएँगे।

बा मिट्टी उलीच रहे थे और अज्जी आलू निकालती जा रही थीं। फावड़ा चलाते हुए बा बोले, "यह ज़मीन ही तो हमारा सोना है।"

मति ने भी एक फावड़ा उठा लिया। यह देखकर उसके पिता ज़ोर से चिल्लाए, "उसे रख दे। वो बहुत भारी है। तुझे लग जाएगा और फसल खराब होगी सो अलग।"

पर मति कहाँ सुनने वाली थी। वह ढीले हाथों से उसे चलाने लगी। तभी बा तीन बड़े कदमों से उस तक पहुँचे और उससे फावड़ा छीन लिया। "इधर दे मेरा फावड़ा! देख, मेरा खेत खराब कर दिया!"

"मोर डोली हेह – मेरा खेत है!" मति गुस्से से बोली।

“लड़कियों के खेत नहीं होते,” बा बोले।

“क्या... क्या कहा!” अज्जी तेज़ आवाज़ में बोलीं।

“मैं तो बस यूँ ही मज़ाक कर रहा था...” बा ने उन्हें शांत करते हुए कहा।

पर अज्जी चुप न हुईं। “अपनी ज़मीन को पाने के लिए कितना लड़ना पड़ा था मुझे! इस पर खेती करने के लिए पूरे गाँव से टकरा गई थी मैं। सब मुझपर हँसते थे। कितने साल लग गए इस ज़मीन पर अपना हक पाने में! और अब तू यह सब कह रहा है? तू, जिसे मैंने अकेले पाला-पोसा है! ऐसा मज़ाक भी तकलीफ़ देता है।”

अज्जी थोड़ा हटकर आलू खोदने लगी। मति उनके पास जा बैठी। वह जानती थी दादी को कितनी चोट पहुँची है।

"अरे बाबा, अब माफ़ भी कर दो न?" मति के पिता ने गुस्से से भरी अपनी माँ और बेटी से कहा।

"नहीं, क्योंकि अब पता चला है कि तू बाकी मर्दों की ही तरह सोचता है," अज्जी बोलीं। "अच्छा है कि तेरी बेटी मुझसे ज़्यादा होशियार है।"

"और तुम-सी ज़िद्दी भी..." बा बोले।

"अगर ज़िद्दी न होती तो यह ज़मीन मुझे कभी नहीं मिलती।" अज्जी बोलीं। बा जानते थे कि यह सच है। वे झेंपकर मुस्कराए और काम पे लग गए।

मति जानती थी कि वे जिस खेत में खेती कर रहे हैं वह अज्जी के माँ-बाप का था। अज्जी उनकी इकलौती संतान थी, और जब उनके माँ-बाप नहीं रहे तो अज्जी ने वापस आकर खेत पर अपना दावा ठोका।

तब उनसे कहा गया कि उसके माँ-बाप नहीं हैं इसलिए अब यह ज़मीन गाँव की है। वह अपने पति के घर जाकर उसका खेत संभाले।

“और नीची जाति के लोग कब से एक पीढ़ी से दूसरी को ज़मीन देने लगे?” लोग उन पर तानें कसते।

अज्जी खूब लड़ीं। वे कोर्ट-कचहरी गईं। कुछ ऊँची जाति के लोग उन्हें रोज़ धमकाते थे, और बार-बार अज्जी की खड़ी फसल पर अपनी गाय-भैंसें छोड़ देते थे।

पर अज्जी अड़ी रहीं। और आखिर कोर्ट ने उन्हें उनकी ज़मीन वापस दे ही दी।

यह ख्याल कि वह खेत उसका नहीं है मति को परेशान किए हुए था। उसने तय कर लिया कि उसे अपना खेत चाहिए ही चाहिए। अब वह रोज़ अपने बा और अज्जी के पीछे लगी रहती, “मुझे मेरी डोली चाहिए। मेरी अपनी डोली – मेरा अपना खेत।”

तो एक दिन अज्जी बाज़ार से उसके लिए एक छोटा-सा फावड़ा ले आईं। फिर मति को खेत ले गईं जहाँ तीन पेड़ थे। वहाँ उन्होंने दस-दस कदम नापे और खेत के एक चौरस टुकड़े पर निशान लगा दिए और बोलीं, “ये रही तेरी डोली। अब इसका ख्याल रखना।”

“मैं यहाँ क्या बोऊँगी? धान, मूँगफली, टमाटर, आलू...” मति अपने खेत में बड़े खेतों में उगने वाली सारी चीज़ें बोने के लिए ललचा रही थी।

मति स्कूल से सीधे खेत जाकर कड़ी मेहनत करती। अज्जी रोज़ बतातीं उसे क्या करना है। पानी देने के लिए नाली कैसे बनाए, क्यारी कैसे बनाए, बुआई कैसे करे, खरपतवार कैसे उखाड़े। वह दादी के साथ बड़े खेत में भी काम करती, पर अपने खेत में काम करने के बाद ही। पिता को वह अपने खेत के पास फटकने तक नहीं देती। कहती, "तुम जाओ अपने डोली-खेत में। यह मेरा है।" बा हँसते और अपने खेत में चले जाते।

अब तो लोग भी उससे कहने लगे थे, “अरे नोनी, तेरी डोली तो पूरे गाँव की सबसे अच्छी डोली है!”

यह सुनकर उसकी गर्दन तन जाती।

उन दिनों गाँव में कई बैठकें हो रही थीं। अज्जी हर मीटिंग में जातीं। कभी-कभी मति को भी साथ ले जातीं।

पता चला कि गाँव में कोयले की एक बड़ी खदान खुदने वाली है। एक कम्पनी इसके लिए ज़मीनें खरीद रही है। कम्पनीवालों ने गाँव के लोगों से अपनी ज़मीनें बेचने को कहना शुरू कर दिया है। ज़मीन के बदले वे बहुत सारा पैसा देने की बात कर रहे हैं। इतने पैसों से वे जो चाहे कर सकते थे – नया घर बना सकते थे, मोटरसाइकिल या जीप खरीद सकते थे, अपने बच्चों को महँगे स्कूलों में पढ़ा सकते थे...

कुछ बड़े किसान अपनी ज़मीनें बेचने को तैयार थे। पर बहुत सारे छोटे किसान इसके लिए बिलकुल तैयार नहीं थे।

वे कहते, "हम अपनी ज़मीनें नहीं बेचेंगे। पैसे का क्या! इधर आया, उधर गया। पता भी नहीं चलेगा और खत्म हो जाएगा।"

"हम खेती-किसानी नहीं करेंगे तो करेंगे क्या? हमें यही तो आता है। इसके बिना हम जिएँगे कैसे?"

मति को भी अपनी ज़मीन की चिंता सताने लगी।

एक दिन जब उसके पिता और दादी दूसरे गाँव में मीटिंग के लिए जा रहे थे तो मति भी उनके साथ हो ली। वह गाँव कोयले की एक खदान की बगल में था। काला बुरादा सड़कों को ढाँपे हुए था। गाँव में कई घर खाली पड़े थे। लोग उन्हें बेचकर जा चुके थे। जो पीछे रह गए थे वे अपनी ज़मीन को घेरकर हदें बाँध रहे थे ताकि उनकी मर्ज़ी के बिना कोई वहाँ न आ सके।

मीटिंग में आए लोगों को गाँव के किनारे खदान दिखाई गई – एक विशाल गहरा काला गड्ढा, और उसके पीछे कोयले के कबाड़ का एक ऊँचा पहाड़। मति का जी मिचलाने लगा। क्या उसका गाँव भी ऐसा हो जाएगा? और उसकी डोली?

मीटिंग देर रात तक चलती रही। मति दूसरे बच्चों के साथ खेलने में रम गई, और थोड़ी देर के लिए अपनी डोली और उसकी चिंता को भूल गई। जब तक बड़े लोग मीटिंग से लौटे, बच्चे खा-पीकर सोने चले गए थे। अपने दोस्तों के साथ कोने में लेटे हुए मति ने बड़ों को खाना खाते और बातें करते सुना।

फिर उसने आधे से ज़्यादा लोगों को लालटेन वगैरह जलाकर दोबारा बाहर जाने की तैयारी करते देखा। मति हैरान-सी उन्हें देखती रही।

उसने पास लेटे अपने नए बने एक दोस्त से धीरे-से पूछा, "ये सब कहाँ जा रहे हैं?"

"पहरेदारी करने। रोज़ रात को यही होता है। वो बारी-बारी से गाँव की सीमा पर निगरानी करने जाते हैं ताकि बुलडोज़र अंदर न आ जाएँ।"

"बुलडोज़र?" मति ने पूछा।

"हाँ, और जेसीबी भी।"

"ये जेसीबी क्या होता है?" मति फुसफुसाई।

"एक बड़ी... बहुत बड़ी राक्षस-सी मशीन। उसके मुँह की जगह फावड़ा लगा होता है। कोयले तक पहुँचने के लिए वो ज़मीन को निगलता जाता है।"

"ये कम्पनीवाले रात में ज़मीन खोद जाते हैं। सुबह उठते हैं तो डोली गायब..." मति से कहा गया।

मति की चिंताएँ फिर से उसके सपनों में रिस आईं।

अगली सुबह तड़के ही वे अपने गाँव की ओर चल दिए। मति ने अपने नए दोस्तों से वादा लिया कि अगली बार जब यहाँ से लोग उसके गाँव मीटिंग के लिए आएँगे तो वे भी साथ आएँ। रास्ते भर वह चुप रही। इतनी सारी हलचलों और परेशानियों ने उसे थका दिया था। अभी ही तो जैसे-तैसे उसे अपनी डोली मिली थी, और यहाँ तैयार बैठी थी वह बड़ी कम्पनी, जिसके मुँह पर लगा फावड़ा ज़मीन को लीलता जाता है!

उस रात जब उसकी अज्जी पड़ोसियों के घर गईं तो मति ने चुपके-से अपना फावड़ा और एक टॉर्च उठाई और बाहर निकल गई।

उसकी दादी लौटीं तो मति कहीं नहीं दिखी।

"वो कहाँ गई?" उन्होंने मति के पिता से पूछा।

"अभी-अभी तो यहीं थी," बा ने यहाँ-वहाँ आँखें दौड़ाते हुए कहा। दोनों ने घर का कोना-कोना छान मारा। फिर वे बाहर भागे। पहले आगे, फिर पीछे...
खेत की ओर।

टॉर्च की रोशनी में अज्जी ने मति को देखा। वह अपने फावड़े को भींचे, तीन पेड़ों के पास अपने खेत में सोई थी।

“यहाँ क्या कर रही है, नोनी?” दादी ने प्यार से उसे गोद में उठाते हुए कहा। नींद में मति को अज्जी की शरीर की गर्माहट महसूस हुई। इतनी देर से ठण्डी ज़मीन पर लेटी मति इस आरामदेय घेरे में दुबक गई।

"यहाँ क्यों सो रही हो, नोनी – हम तुम्हें हर जगह ढूँढ रहे थे!" अज्जी की आवाज़ में गुस्सा भी था और घबराहट भी।

"मैं अपनी ज़मीन को बचा रही हूँ," मति बुदबुदाई।

अज्जी ने उसे कसकर सीने से लगा लिया। "हाँ, नोनी," वे बोलीं। "हमें अपनी ज़मीन बचानी ही है। पर अभी अंदर चलकर सो जाओ।"

Meri Zameen Main Bachaoongi (Hindi)

ISBN 978-93-5046-919-4

First published in India, 2017
Reprinted in 2024

Originally in English

Published by
Tulika Publishers, 305 Manickam Avenue, TTK Road, Alwarpet, Chennai 600 018, India
email reachus@tulikabooks.com *website* www.tulikabooks.com

Printed and bound by
SM Print, Chennai, India